AF599900

GRAFFITI

POESÍA

HUERGA & FIERRO EDITORES

HUERGA Y FIERRO EDITORES, S. L. U.
C/ SEBASTIÁN HERRERA, 9
28012 MADRID (ESPAÑA)
TELÉFONO: 91 467 63 61
E. MAIL: huerga@huergayfierro.com
WEB: www.huergayfierro.com

PRIMERA EDICIÓN
2024

DISEÑO DE ÁNGEL LUIS VIGARAY

DEPÓSITO LEGAL: M-23682-2024 — I. S. B. N: 978-84-129307-1-9
IMPRESO EN ROMADAC Industria del Libro.
IMPRESO EN ESPAÑA

EXPIACIÓN

Pedro López Lara

EXPIACIÓN

PEDRO LÓPEZ LARA

GRAFFITI

HUERGA & FIERRO EDITORES

SENTINA

NO PODÍA SER ESTO

El camino que lleva a la verdad
muy pocas veces desemboca en ella.

La verdad, que creíamos emplazada al final,
va situándose a medida que lo recorremos
detrás de nosotros, justamente detrás
de nuestros ya desorientados pasos,
se va mimetizando
con el trayecto, su cómplice, y deja
en el que supusimos su lugar una réplica,
que al llegar juzgaremos suficiente,
porque estamos cansados y hemos ido
relajando exigencias,
porque a esas alturas terminales de la búsqueda
de la verdad, la verdad es
que va a servirnos cualquier cosa,
con tal de que nos den alguna cédula que avale
la malograda expedición,
un papel que dé cuenta del ficticio hallazgo
y certifique
lo ahora concluyentemente indemostrable.

Porque estaremos incluso —jamás
lo hubiésemos creído—,
después de tanto tiempo, dispuestos a aceptar
que la verdad, según parece, era esto.

PRIMERAS MENTIRAS

Cuando alguien por primera vez nos miente,
es como si en el nuestro nos dolieran
cuerpos extraños.
                                        Las palabras,
que nos habían sido hasta entonces fieles,
se vuelven forasteras, se convierten en trampas.

Y es así como vamos en silencio recelando de ellas,
aprendiendo a emplearlas como un arma,
a mentir —todos lo hacen— nosotros también.

Y si alguien pronuncia la palabra verdad
de forma acaudalada, íntegra,
con pretensión de anclaje y referencia en lo real,
sin que esa voz se entrañe y se diluya en una frase hecha
—de verdad te lo digo, la verdad es que, verdades como puños—,
lo miraremos asombrados, sin poder entender, sin siquiera burlarnos,
como a quien es lo que es: un pobre inadaptado, alguien que merece
incomprensión, un resto de piedad y finalmente olvido.

LAS QUE DESTRUYEN

De todas las mentiras que van a contarnos,
serán muy pocas —tres o cuatro—
las que nos desbaraten.

Y no figurarán entre las más vistosas,
las de acabado más perfecto y andamiaje retórico
mejor elaborado.
Serán, por el contrario, toscas, a menudo
improvisadas para la ocasión,
simples argucias que utiliza quien las dice
para salir de lo que cree un aprieto y no lo habría sido.
Y también las habrá que no lo sean —que no sean mentira—
hasta mucho más tarde,
cuando los hechos no coincidan
con lo que prometían las palabras.

En fin, una amalgama heterogénea de remiendos,
de malabarismos azarosos aunque al cabo exactos,
con un solo punto en común: después, años después,
habrá de parecernos mentira no haber visto que lo eran,
a la vez que nos haremos incansablemente
la misma y fatigosa, ridícula, pregunta:
cómo pudo ocurrir, por qué nos fueron dichas.

Qué clase de personas —las dijeron, les creímos— somos.

LA TROUPE

Implica la traición, cuando es perfecta, la anonimia.

Y es que toda traición, si es auténtica,
si destruye la vida,
no es un empeño ocasional, producto
del rencor o la ofensa,
sino obra colectiva,
perpetrada a lo largo de los años
por una troupe alegre de payasos,
que ni siquiera se conocen entre sí
y efectúan con desgana sus números,
sin entender su alcance, sin propósito alguno.

No se averigua nunca el nombre del traidor:
porque es nadie y cualquiera,
porque traición es solo una palabra
que no fue pronunciada,
una sospecha deshonrosa, un espejismo.

ELOGIO DEL TRAIDOR

Alza y recorre siempre este trazado:
primero niega la amistad que lo une contigo
—porque el traidor necesita negarse:
necesita negar que lo es o que va a serlo—;
después convierte esa amistad pretérita
en inquina: se vuelve —sin confesarlo a nadie,
y menos que a nadie a sí mismo,
porque el traidor no quiere
que lo tomen por traidor, él los odia—
tu enemigo, con rencor involuntario, gestado
a lo largo del tiempo, por lo común muchos años;
y ya finalmente —diciéndose
que está haciendo justicia— procede a traicionarte.

Y esto lo hace, piensa él,
ejecutando una sentencia fundada en derecho
y en pruebas fehacientes, alejadas de cualquier sospecha,
de toda sombra de subjetivismo.
Pruebas que le permiten decir: Lo veis, aquí
no hay ningún traidor, todo es perfectamente lógico.

Lo magnético de la traición es esa trama delicada y perfecta
que transforma al traicionado en algo sin sustancia,
carente de entidad, pero consciente
de su nuevo abolengo y del escueto
proceso que ha desembocado en él,
alguien cuya existencia a lo mejor ha sido
por completo arruinada pero ni siquiera puede
prestar a esos detalles atención,

absorto como está en lo otro, en la traición en sí, fascinado
por un dispositivo de cimientos falsos y eficacia absoluta,
un engranaje que el sentimental podría solo ver, y lo es,
como algo abominable en sí, sin reparar en su precisa urdimbre,
en su capacidad de transformar el mundo, generar
realidades exquisitas e imprevistas, nuevas,
específicamente suyas,
pero que al final se mimetizan e insertan,
con impecable naturalidad, entre las otras.

EL ROSTRO DE LOS DÍAS

Quien ha reconocido
el rostro de sus días
puede sentarse frente a ellos, mirarlos cara a cara.

Y ha de sentir vergüenza, pero también hastío:
cansa infinitamente ese mosaico
de muecas repetidas, el confuso
frenesí de palabras
hiriéndose entre sí, y sobre todo
la consabida retirada
de todo aquello que quisimos y nos quiso,
de todo aquello que quisimos y no quiso
querernos,
en un tiempo sin huella, cuando aún no sabíamos
leer en él el rostro deforme de los días.

NOMBRES PROPIOS

Cada vida es una colección de nombres propios,
de significado turbio, todos ellos dotados
de numerosas acepciones, a menudo
contradictorias entre sí.

Voces sin etimología conocida,
pues quienes designaban llegaron a nosotros
por azar y por azar también se borraron un día.
Palabras que es a veces difícil recordar
y siguen otras, con ser solo evocadas,
produciendo malestar o escalofrío,
memorioso temblor ya sin detalles.

Vocablos evacuados, sin más criterio válido
—desvanecidos por completo jerarquías y tiempos—
de almacenaje que no sea el alfabético.

Términos todos ellos
de un diccionario poco consultable.

ELOCUENCIAS DE LA MEMORIA

Es la memoria elocuente
y acostumbra a pintarrajear sus escasos recuerdos con afeites
extraños,
haciéndolos, no ya irreconocibles —su intervención no deja
huella—,
sino sencillamente falsos, discordantes
con una realidad dudosa en sí
—difusa incluso en su momento, aquel en el que surge y dice
Nada sospeches: soy yo misma—.

Un proceso, el hasta aquí descrito, resuelto
con absoluta impunidad, que avalan
el tiempo y, por supuesto, el hecho
de que en el fondo esos recuerdos no le importan a nadie.

Esto en lo que respecta a la elocutio,
pues también echa mano, la memoria, de la inventio,
terreno en el que alcanza sus mejores logros,
sus más falaces y aplaudidas retóricas.

Ah la memoria y sus banales cosméticas,
herencia maquillada que nos dejan los días.

DESTIERRO ÍNTIMO

Se habla con frecuencia del exilio interior,
pero muy poco o nada del íntimo destierro.

Quizá porque se vea en la expresión
un conflicto entre términos, una desavenencia
que abocaría al sinsentido.
Pero es una expresión precisa, un tecnicismo,
que nombra con rigor la autoexpulsión,
el exorcismo pudoroso que no arroja al íncubo
a un afuera contingente o a un adentro distinto,
azaroso también,
sino que se limita a rebajar su rango
y recluirlo luego en las propias entrañas,
junto a las otras vísceras y los demás desperdicios.
Permitiéndole, eso sí, que siga elucubrando
su paranoia o perversión, su nefando desvío.

Y, aunque en lo básico inofensivo ya,
consigue el inquilino a veces infiltrar
en la trastienda del arrendador algún efluvio,
que lo intranquiliza y desvela,
que le hace imaginar o recordar cosas extrañas,
sospechar que haya podido en algún momento
pasar por alto algo.

PROBLEMA NUESTRO

Continuamente confundimos
aquello que acostumbra a ser con lo que debe ser.

Por eso cuando algo —el amor, la vida o cualquier otro
dispositivo—
deja de funcionar sentimos
confusión y desconcierto, pero también despecho,
a la vista de aquello que llegamos a creer
escandalosamente no posible,
como si las personas o las cosas nos hubieran hecho
una promesa que ahora incumplen.

Como si hubiéramos, día a día, constatado
que Dios existe y descubriéramos de pronto
que ese hecho no implicaba obligación alguna por su parte,
que no había suscrito con nosotros un pacto,
que dioses, cosas y personas
pueden estropearse sin ninguna razón,
dc la misma manera que ninguna tuvieron
para ser o surgir, y acompañarnos luego.

TERRITORIO NOCTURNO

Cada sombra reconoce su noche
y acude a ella en busca de descanso,
de la única vida exenta que le queda.
La noche de las sombras
discurre al margen del tiempo y el espacio,
es un recuerdo al que vuelven,
algo consustancial a su existencia oscura.

En ella las sombras no se comunican,
porque la pernoctancia carece de palabras,
no discurre por significados o símbolos.
La noche es un estado de ánimo,
reflejado en las sombras que procrea,
madre sin sentimientos pero acogedora.
No es un escenario, pero admite
que en ella cada sombra recree su historia,
más allá de presencias y premuras,
historia absuelta de coordenadas.

No es un territorio, pero linda
con la locura y con la muerte,
entrañas terminales de las sombras,
que en ella, exoneradas,
encontraron alivio, desacostumbraron sus ojos
de lo real y sus confusas apariencias.

LA ZONA

Entre el olvido y la sabiduría
hay un sitio intermedio, que es el nuestro.
En él improvisamos nuestros pasos
y hacemos conjeturas, esperando
la regresión o algún conocimiento,
cualquier evento que pudiera transportarnos
a un terreno seguro en el que rijan
sabiduría u olvido, da igual, siempre que exento
de encrucijadas y acertijos, libre de hermas.
Pero no ocurre nada, simplemente los años,
ratificando en su transcurso
que esa zona no existe y si existiera
no sería habitable, que el acceso a ella
—concedamos que exista— nos ha sido vedado.

ASTENIA

Son seres que se rinden,
que antes de comenzar sienten el peso del camino,
las consecuencias con que cargará cada paso,
la meta que no lo es ni pone fin a nada.

Son personas cansadas,
no de manera accidental, sino constitutiva,
que no es posible fragmentar o postergar,
porque cada reposo cansa.

Personas que en las calles ven solo una ficción,
una oquedad que para acreditarse
se hace escoltar por edificios.

Seres a los que el lenguaje fatiga,
porque aparta de las cosas y obliga a intimar con símbolos,
heraldos que ninguna de ellas ha enviado.

Criaturas que temen a las otras,
porque cada mirada, la suya incluida, oculta un puñal,
cada nombre pronunciado gotea.

Animales a los que todo hiere,
porque su piel no puede ya reconocer
tactos neutrales o caricias,
la hospitalidad de una mano.

Son restos apocados que presienten
el miedo de vivir,
porque han sabido siempre
que eso no era lo suyo y que antes o después
—pero antes, mucho antes, lastima— destroza.

LOS ACURRUCADOS

Podríamos haber salvado a alguien.
Y algunos se dejaban, se habrían dejado.

Pero nunca lo hicimos: no tuvimos coraje.
Iniciábamos el proceso, y más o menos luego
volvíamos a colocarlos
donde los habíamos encontrado,
y en la misma postura: allí tirados.
Allí: donde otros muchos antes
durante años fueron instalándolos.
En la misma postura:
la de algo que se ha fosilizado.

Lugar y forma que a partir de entonces ellos
habrían de considerar por fuerza suyos, ya que nadie
iba a arrebatárselos, nadie
iba a tener la desvergüenza de bajar hasta allí para salvarlos.

EL ABOFETEADO

Rindo homenaje aquí a un héroe anónimo, compañero
de clase y de grisácea adolescencia.

Una especie de impávido muñeco,
abofeteado día a día por negarse
a hacer o decir algo
sencillo de decir o hacer
—algo que cada uno de nosotros estaba dispuesto
a hacer por él, decir por él, pagando su rescate;
pero jamás nos atrevimos a inducir el canje,
petrificados ante aquella ceremonia
que presentíamos tal vez
primordial y sagrada—.

Algo insignificante,
que aquella gigantesca negativa
aniquilaba o convertía, a su antojo, en grande,
porque ante ella se desvanecía todo,
y el mundo parecía dimitir, como en señal
de solidaridad o pleitesía.

Ese muchacho anónimo fue quien me enseñó
la lección esencial, la digna de memoria,
que habría de reconocer después
en tantas y tantas ficciones y preceptos,
ya solo para mí secuelas
de la versión original, que él encarnó,
y a cuyo estreno tuve el privilegio y la deshonra
de asistir en silencio:
lo único que importa es decir no.

INSTROSPECCIÓN

POÉTICA HUMILDE

Unas pocas palabras
colocadas en orden,
a manera de escolios que anotasen la vida.

Un conjuro pequeño,
ubicado en un margen,
de alcance limitado y voluntad sedante.

EL EMISOR

No he conseguido averiguar aún
quién habla en mis poemas.

Únicamente sé que no soy yo,
y que ninguno de nosotros tuvo nunca
ese tono de voz ni se expresaba así.

ANÁMNESIS

Si tras leerlo no sentimos
que es algo necesario,
que lo conocíamos ya,
que existe desde siempre,
el poema ha fallado.

Ha de ser el poema un artefacto antiguo,
salmo memorizado en los vientres maternos,
olvidado después y que resurge ahora
en sus precisos, familiares términos,
lapidario y perfecto.

AUTONOMÍA DE LAS PALABRAS

Acuden todas a la mente,
no solo las llamadas,
que se sienten confusas,
perdidas entre tantas otras
que no paran de hablar
y al final, como siempre,
dicen lo que ellas quieren,
con sus propias palabras,
no lo que el otro con las suyas buscaba.

BLINDAJE

El poema lo recuerda: se sabe algo
que estuvo a punto de no ser,
bloque de prosa fracturado,
hendido ahora por los versos.

De ahí que deba atrincherarse, replegarse,
con medidas y rimas,
variados ritmos y reminiscencias,
repeticiones que propicien
el ensimismamiento y la supervivencia,
la adquirida conciencia
de una provisional identidad esquiva.

El verso debe resguardarse
para evitar la tentación
o tal vez la nostalgia de la prosa.

LA ANÁFORA

Anáfora: la más siniestra
de las ilusiones poéticas.
Todo lo precedente se suicida en ella.

BAILABLE

Si el poema tiene ritmo —tiempo abducido, interno—,
es para luchar contra el otro, el compadrito
de la muerte, hacerlo humano,
destartalado y sangrante, de acuerdo,
pero así y todo bailable.

INTRANSIGENCIAS

El poema no puede retener
aquello que importó y se muestra ahora intransigente.
Solo está en nuestras manos conseguir que importe
el poema por sí, que esté a la altura,
ensimismada ya, insurgente,
de aquello que se niega a estar en él.

RECESO VERBAL

Dejemos que descansen las palabras:
las palabras se gastan y precisan tiempo
para otra vez decir lo que decían,
o decir otra cosa, algo procaz y fulgurante,
que desbarate o salve.

EXTREMOS

La poesía puede en ocasiones ser
explosión juvenil.
Otras, registro melancólico, la glosa
que da en alguna orilla fe de los estragos.

REALIZATIVO

Todo poema tiene instinto ejecutivo:
lo que se dice en él, en él se cumple;
aquello que se omite, en él despliega
su contrariado instinto de ser dicho.

AMPUTADO

En el último verso hubo primero
un encabalgamiento que enlazaba
con un verso final en el que había
un encabalgamiento.

La versión del poema que leemos
es un producto apócrifo, escindido.

El texto original era infinito.

EXTERMINIO

I. ESTIGMA EXHAUSTIVO

Este verso reniega del siguiente.
La noche abre su puerta a lo infinito.
Los relojes presienten la llegada.
Los ojos solo pueden ver lo obsceno.
Es aval de la cuerda el precipicio.
Intentan los espejos ganar tiempo.
Conjetura el recuerdo lo ocurrido.
La palabra entregada se repliega.
Lo decisivo no clausura nada.
Este verso repudia el anterior.

La noche abre su puerta a lo infinito.
Este verso reniega del siguiente.
Los relojes presienten la llegada.
Los ojos solo pueden ver lo obsceno.
Es aval de la cuerda el precipicio.
Intentan los espejos ganar tiempo.
Conjetura el recuerdo lo ocurrido.
La palabra entregada se repliega.
Este verso repudia el anterior.
Lo decisivo no clausura nada.

La noche abre su puerta a lo infinito.
Los relojes presienten la llegada.
Este verso reniega del siguiente.
Los ojos solo pueden ver lo obsceno.
Es aval de la cuerda el precipicio.
Intentan los espejos ganar tiempo.
Conjetura el recuerdo lo ocurrido.

Este verso repudia el anterior.
La palabra entregada se repliega.
Lo decisivo no clausura nada.

La noche abre su puerta a lo infinito.
Los relojes presienten la llegada.
Los ojos solo pueden ver lo obsceno.
Este verso reniega del siguiente.
Es aval de la cuerda el precipicio.
Intentan los espejos ganar tiempo.
Este verso repudia el anterior.
Conjetura el recuerdo lo ocurrido.
La palabra entregada se repliega.
Lo decisivo no clausura nada.

La noche abre su puerta a lo infinito.
Los relojes presienten la llegada.
Los ojos solo pueden ver lo obsceno.
Es aval de la cuerda el precipicio.
Este verso reniega del siguiente.
Este verso repudia el anterior.
Intentan los espejos ganar tiempo.
Conjetura el recuerdo lo ocurrido.
La palabra entregada se repliega.
Lo decisivo no clausura nada.

II. COLISIÓN

Este verso destituye al siguiente.
La noche abre su puerta a lo infinito.
Los ojos solo pueden ver lo obsceno.
Es aval de la cuerda el precipicio.
Los relojes presienten la llegada.
Intentan los espejos ganar tiempo.
Conjetura el recuerdo lo ocurrido.
La palabra entregada se repliega.
Lo decisivo no clausura nada.
Este verso destruye el anterior.

Este verso destituye al siguiente.
Los ojos solo pueden ver lo obsceno.
Es aval de la cuerda el precipicio.
Los relojes presienten la llegada.
Intentan los espejos ganar tiempo.
Conjetura el recuerdo lo ocurrido.
La palabra entregada se repliega.
Este verso destruye el anterior.

Este verso destituye al siguiente.
Es aval de la cuerda el precipicio.
Los relojes presienten la llegada.
Intentan los espejos ganar tiempo.
Conjetura el recuerdo lo ocurrido.
Este verso destruye el anterior.

Este verso destituye al siguiente.
Los relojes presienten la llegada.
Intentan los espejos ganar tiempo.
Este verso destruye el anterior.

Este verso destituye al siguiente.
Este verso destruye el anterior.

KYRIE

KYRIE ELEISON

Kyrie eleison Señor ten piedad

De nosotros infames que buscamos tu olvido
De nuestros impensables padres los muertos
De nuestros tan temidos y muchos infiernos
De nuestras inmundicias
De la desolación y de los desolados
De las palabras que sabían lo que hicieron
De las que todavía están aprendiendo a hacer daño
De los vencidos y los victoriosos
De los que no consiguen ser los últimos
De los que imploran de rodillas
De los soberbios gentes desesperadas
De los humildes que se agarran al asfalto
esta es mi tierra dicen
De los que toman la copa de más
beben hasta las heces su cáliz
De las terroríficas presas del miedo
De los noctámbulos
que rezan el rosario de la aurora
porque execran el alba su luz despiadada
De los rotos en dos que fingen entereza
De los partidos por el medio a fondo
De los fulminados por palabras de amigo
De los que buscan trabajo en inframundos
aquellos que se dicen de algo hay que vivir
De los íntegramente desahuciados
De los ojos arrasados fijos para siempre
en lo obsceno que vieron
ojos que convivieron con lo obsceno en lo obsceno

clavados para siempre
De quienes introducen sus recuerdos en un bombo
cansados de que sea su memoria quien elige
De aquellos que se juegan sus amores a los dados
De los que aman y se niegan a jugar
De los que llegan tarde al epicentro
De los desmoronados colapsados
De aquellos que atraviesan el fuego
De los que incendian cada una de sus manos
para así no poder estrechar las ajenas
De los que se sacan los ojos: no soportan
la visión que los infecta
De los sordos y mudos por necesidad
por cuestión de vida o muerte
porque una sola palabra más
De los que optan por seguir atrincherados
aunque no quede ya ninguna guerra
Del mendigo que voltea su mano tendida
simula comprobar si llueve
De todas nuestras lluvias
De los apátridas y fronterizos
De quienes creen tener una patria
De los apoyados en un muro
De los viejos que absorben el sol en los bancos
porque echan de menos el fuego
De los que buscan en el fondo del vaso
el misterio del eterno retorno
y lo encuentran: estuvo siempre allí
De los malheridos por palabras
De las palabras que tuvieron dueño
y ahora son de nadie
De los que renunciaron a su lado malo
y ya no pueden pecar más ni ser perdonados
De quienes echan al buzón sus cartas
De los marineros afincados en Amsterdam
que orinan mujeres infieles

De las mujeres fieles
De los niños que estudian por la noche
De los padres que desean estrangular a sus hijos
De todos aquellos que acumulan méritos
De los que dicen hay que ser positivos
De los que dicen así exactamente así es la vida
y saben lo que dicen y por qué lo dicen
De las memorias que se niegan a extinguirse
crucificadas en algo que supieron
De los perros que llevan su correa en la boca
De los que van camino del trabajo y se dan cuenta
De los locos que repudian su insania
De los locos locos hombres íntegros
De los incapaces de velar junto a Dios
envueltos como están en otros sueños
De quienes ven milagros
De quienes se suben al estrado
De los que creen en cualquier cosa
porquc abjuraron de la fe pero sigue nevando
De quienes averiguan tarde el sabor del frío
De quienes sobreviven
De los involucrados en cien mantas
De los que no tienen perdón y por eso lo piden
De los justamente acusados
De los que señalan a alguien y dicen luego mira
De los que miran
De los malabaristas
De los que no se apearán en ninguna estación
De quienes nos llevaban hasta casa
De los lectores de novelas que fueron realistas
De aquellos que te inquieren con encono impuro
De los que tienen experiencias místicas
De cuantos abren la ventana y se asoman un poco
De aquellos que presienten haber muerto
De los que hacen transbordos
De quienes siguen esperando la señal

De los que casi pedían socorro
De los nacidos justos
De quienes no vas a salvar
De los que son lo que son o como son
De los que matan sin querer
De quienes buscan y merecen venganza
De los vengados por otros
De los que se acostumbran a ser confundidos
con animales muy pequeños
De los escurridizos y grasientos
De los que mudan su piel en el invierno
De los poetas exquisitos
De los que escriben artes de prudencia
De los que dicen serenidad tú para el muerto
De aquellos que se incrustan en las barras
de bares situados extramuros
De todos los insertos
De los que beben solo agua
De los que asisten a gimnasios
De aquellos que les duele tanto
que han olvidado la palabra cuyo
y tienen que vivir incorregiblemente
De quienes abren el paraguas
De los que se llueven a cántaros
De los que aún no han sido descartados
De los melindrosos de atar
De los que dicen todos y todas
De quienes no son nadie y dicen todos
De los que se lo juegan todo
De las cosas que empiezan a llorar
y ya no paran nunca porque no son como nosotros
De los que ansían tener menos
De los que olvidan cuál era su estatura
De los que amargan la fiesta
porque —lo recuerdan bien— es culpable
De los que saben lo que han hecho

De los que se buscan a sí mismos y se encuentran
donde no podían estar
De los que han sido perdonados
De los que han sido insuficientemente perdonados
De quienes buscan en el diccionario la palabra perdón
De quienes han dimitido
De los cesados día a día
De los que solamente están
De los que son y no quieren estar
De quienes dejan que suene el teléfono
De los ya tan cansados
De quienes no conocen los venenos
De los que sin haber hecho nada nacieron
De los que pasan lista apuntan algo
De quienes incurrieron en la muerte y regresaron
nadie —aducen— nos echó de menos
De los que tienen dos sombras
De los ausentes pero intrínsecos
De quienes han gastado todas sus palabras y ahora gritan
De quienes pierden el respeto porque era su deber
De quienes se pierden el respeto y dicen hola
saludan
De las innumerables formas de no ser feliz
De los que no comprenden
lo que no quiere ser comprendido y se arrodillan
De los que se vuelven invisibles pero siguen viendo
De los que empiezan a decir Ya basta
De lo que pudo ser de otro modo pero quedó hincado
De los que no recuerdan las palabras su significado
y pueden emplearlas de verdad
porque son suyas
De quienes se hacen aún más daño
De quienes fueron felices y no saben volver
De los que no pueden ser explicados
De los que tapian todos los espejos
De los acorralados

De los que nunca desperdician su amistad
porque se limitan a darla
De los indeseables solo por la tarde
De los que miran a sus hijos y no entienden nada
De los que tienen miedo de su sombra
y es fundado
De los que extienden su mirada hacia el vacío
De quienes ven reflejado en la copa el espanto
y lo beben de un trago para hacerlo más suyo
De aquellos que no saben lo que han hecho
De los que llenan su nombre
De los que salen a la calle y chillan
De quienes callan
De quienes sospechan que eso no era así
De quienes van al cine no por ver la película
sino por ver si algo les recuerda algo
De quienes habrían podido ser inocentes
pero a qué precio
De los que eligen entre dos pecados
De quienes cuentan cicatrices
De quienes aparentan ser más viejos que el tiempo
De los que no se dejan decir por metáforas
De cuanto fue llamado y no acudió
De quienes han querido y no recuerdan
por qué siguen haciéndolo
De las estaciones de metro
que ven lo que ven pero no dicen nada
De las personas
que hablan entre sí y están de acuerdo asienten
De los que juegan sin cartas marcadas
De las sombras que se espesan en otras
De los facinerosos
porque lo son y se limpian cada noche los dientes
De quienes hacen lo que debe hacerse
no porque deba hacerse
sino porque es más fuerte que ellos

De los que sufren la persecución
de lugares sin alma pero memoriosos
De los que extraviaron la verdad y preguntan por ella
ven luego cómo las miradas se apartan una a una
o se van inclinando se hunden en el pecho
De los que averiguaron quiénes eran
De los abandonados
que hacen de la tristeza un oficio
De los que son capaces de dejar a alguien
porque nacieron ya con esa tacha
De los que gritan bajo tengo miedo: tienen miedo
de que alguien los oiga
De los recíprocos que vejan son vejados
De los que ven su baza y piensan
no puede ser se trata de un error
De los odiados por el ritmo
que no lo saben y bailan
bailan toda su vida odiados por el ritmo
De los que van a llegar tarde y se apresuran
De los que muerden para ver si todavía
De quienes dicen sí a quien los niega
De las puertas pequeñas
Del sueño enfebrecido de las yeguas locas
De los problemas que se sienten solos
y contraen después una víctima
De quienes hacen vacilar a sus propias miserias
De los que buscan más allá de las palabras
allí donde no hay nada
De los que se resisten a entender
porque saberlo duele
De los que viven por los bordes
De quienes se ven explicados por un teorema
y miran la respuesta estupefactos
De los que sin licencia escriben versos
De quienes ven pasar los muertos y sienten envidia
De los utilizados

De los muertos que no duermen ni esperan
porque no son poetizables
De los muertos que fueron poetas
y siguen —son poetas— muriendo
De los ojos abiertos que ven el mundo y lloran
De los trenes que se alejan lentamente
Del infierno y el cielo demasiado crueles
De tus extenuados ángeles
De nosotros estaciones de paso
De nosotros inméritos que buscamos tu olvido
De animales y cosas sentimientos ideas
De cuanto fue hecho concebido o soñado
De todo

Porque la misericordia ha de ser infinita
Más grande que lo que perdona
Debe abarcarnos
Por consiguiente de todo
Kyrie eleison Señor ten piedad

Señor ten piedad Kyrie eleison
Kyrie eleison Señor ten piedad
Señor ten piedad Kyrie eleison

ÍNDICE

SENTINA

INTROSPECCIÓN

EXTERMINIO

KYRIE

Esta obra
se acabó de imprimir
con los auspicios de
Charo Fierro y
Antonio J. Huerga, editores

FINIS CORONAT OPUS